AF356819

# ÉMAILLEURS LIMOUSINS.

## LES LIMOSIN.

Avant de commencer la biographie des frères, fils ou neveux de Léonard Ier, nous croyons ne pas nous écarter de notre sujet en consignant ici quelques renseignements tardifs sur ce chef de la famille, et quelques détails sur des émaux de cet émailleur appartenant à divers propriétaires, qui nous les ont confiés lors de l'exposition artistique de Limoges, en 1858.

La découverte d'une œuvre capitale de Léonard Ier nous permet de remplir, dans l'année 1568, la lacune que nous déplorions après avoir démontré l'activité et la vie laborieuse de cet artiste.

On lit, en effet, dans *le Constitutionnel* du 10 mars 1856 : « Portrait de Catherine de Médicis, haut de 46 centimètres, large de 32. Buste sur fond d'azur, vu de trois quarts, richement paré. Les cheveux châtains, relevés par des bandeaux de perles et de pierreries ; pendants d'oreilles blancs, et perles nombreuses de la parure ressortant avec éclat sur le voile noir tombant de sa tête. Une guimpe transparente, formée de petites perles, réseau à larges mailles, dont chaque nœud porte un diamant, couvre le cou et les épaules. Le corsage de la robe est en velours noir brodé d'arabesques d'or larges et gracieuses sur la poitrine : guirlandes de perles, dont une est très-grosse, entourant une plaque de pierres étincelantes. Le haut de l'ouverture des manches collantes est garni d'une ligne de grosses perles. Ces manches sont aussi richement brodées que le corsage. Le nom de Léonard Limosin est écrit en lettres d'or sur l'émail entre le corsage et le bras droit. La bordure supérieure de ce corsage et le collier tout entier sont formés d'une série continue de H et de C d'or, initiales de Henri II et de Catherine de Médicis, entrelacés symétriquement. Le C est dans l'intérieur du H, appliqué au jambage de droite ; un autre C, par symétrie, touche à l'autre jambage. Ces deux C sont dos à dos, et se croisent un peu : ils ressemblent à des D, ce qui les a fait prendre pour l'initiale de Diane de Poitiers, qui ne vivait plus, ainsi que Henri II, l'an 1568, date placée à côté du nom de Léonard Limosin. »

Cet émailleur a fait les C plus petits que les H, afin qu'on ne les prît pas pour des D. Catherine ne se serait pas parée du chiffre de Diane, et notre Léonard n'a pas voulu placer sur son cœur un signe qui rappelât celle qui lui avait disputé le cœur de son royal époux.

Cet émail a été retrouvé au château de Beaumont-sur-Vingeanne, appartenant à Gaspard de Tavannes, que Catherine donna pour conseil au duc d'Anjou, nommé lieutenant général du royaume l'an 1568. M. de Saint-Pierre de Beaumont en est le propriétaire.

M. Rossignol, archiviste du département de la Côte-d'Or, suppose que Catherine donna ce portrait à Tavannes après la victoire de Saint-Denis et la paix de Longjumeau ; il ajoute qu'il a dû être fait en 1568, pendant les six mois que dura cette *petite paix*.

Nous comblerons de même une lacune pour l'année 1536 en signalant une acquisition nouvelle du musée de l'hôtel de Cluny : c'est un portrait en émail d'Eléonore d'Autriche, sœur de Charles-Quint, veuve d'Emmanuel, roi de Portugal, et mariée en secondes noces à François I<sup>er</sup>, roi de France. Ce portrait est daté de 1536, et porte la signature de Léonard Limosin. La reine de France vint à Limoges six ans plus tard, et les consuls lui offrirent une coupe et une chaîne d'or, « n'ayant pu, disent nos chroniques, lui préparer un plus beau présent, à cause du peu de temps qu'elle passa à Limoges ».

M. Doublet de Bois-Thibaud m'a adressé sa Notice sur les émaux de Chartres, qui ont 92 centimètres de hauteur sur 13 de largeur : ils représentent saint Jean, saint Jacques le Majeur, saint Pierre, saint Paul, saint Jacques le Mineur, saint Barthélemy, saint Philippe, saint Thomas, saint Mathieu, saint Simon, saint Jude et saint André. Ces personnages ont 57 centimètres de hauteur : on y voit les deux FF et la salamandre de François I<sup>er</sup>. Le monogramme LL de notre Léonard Limosin se lit sur le pommeau de l'épée que tient saint Paul.

M. de Bois–Thibaud fait naître cet émailleur en 1480, ce qui lui donnerait une bien longue carrière. Le saint Thomas et le saint Paul du Louvre étaient d'une autre collection.

M. Germeau, notre ancien préfet, m'a montré un émail de sa collection, ovale bombé, à revers incolore, que je crois de Léonard Ier. Il représente saint Yves de Bretagne à cheval, *san Yvon*. — *V.* — M. Ibard, de Bordeaux, avait envoyé à notre exposition un médaillon ovale qui paraît être le pendant de ce saint Yves, tant la manière et les couleurs ont de rapport : l'émailleur y a peint le roi David à cheval, jouant de la harpe. M. G. Reculés a exposé aussi un saint Jacques avec chaperon couvert de coquilles et un bourdon de pèlerin, ainsi qu'une cassette ornée de huit plaquettes peintes en grisaille, *les Travaux d'Hercule*, que je crois de ce maître. — Les nos 136 et 137 du catalogue de M. Didier Petit, de Lyon, saint Paul et saint Jude, deux feuillets d'un tryptique, sont signés LL.

## I. — MARTIN LIMOSIN.

L'acte du terrier du prieuré conventuel de Saint-Gérald que nous avons cité dans la biographie de Léonard Ier Limosin constate que *Martin* était, comme lui, fils de François, courtier et hôtelier, et qu'il en fut, avec ce frère, héritier universel l'an 1544. Martin y est qualifié d'*émailleur :* il habitait, avec Léonard Ier, les deux maisons réunies des rues Grandes-Pousses et Basse-Manigne ; il est solidaire des rentes dues sur ces maisons, dont il était copropriétaire. Tous les actes où Martin est nommé nous le représentent comme l'associé de Léonard Ier, et travaillant en communauté d'intérêts avec lui. Martin se maria l'an 1548, le 26 avril, à Jeanne Duboys. Voilà tout ce que nous savons de lui. Il n'est resté aucun émail signé de lui, ni portant un monogramme qu'on puisse lui attribuer. Il est probable qu'il s'était chargé de la partie matérielle de la préparation et fabrication des émaux, réservant à son frère le soin de les revêtir de peintures.

## II. — JEHAN I<sup>er</sup> LIMOSIN.

Mon opinion est que Jehan I<sup>er</sup> Limosin était frère ou fils de Léonard I<sup>er</sup>, dont il était le contemporain. Ce Jehan aurait formé, pour son compte, et à part, un établissement d'émaillerie dans la rue Manigne. Malheureusement nous n'avons pu trouver dans nos archives aucun acte qui prouvât cette parenté. On voit par ses émaux qu'il est de la même école. Il imite jusqu'à la couleur de ses revers; il était au moins son élève, et peut-être celui de Léonard (Nardou) Pénicaud. Le seul titre qui puisse justifier la qualité de fils de Léonard I<sup>er</sup> que je donne à Jean I<sup>er</sup> résulte d'un mémoire ou dossier de 1769 au sujet d'une contestation entre M. de La Bastide et l'ingénieur Trésaguet. Il s'agissait de conduire à Limoges l'eau d'une fontaine de La Brugère.

On y dit qu'en 1580 une métairie de La Brugère appartenait à Jehan Limosin comme héritier de Léonard Limosin : entre autres parties, un pré appelé de Dessous-la-Font, à côté de celui de Jehan Pénicaud. Un plan de l'époque retrace les lieux dont parle le mémoire avec les noms des propriétaires : on y voit l'église d'*Usurat*, aujourd'hui détruite; il y a plusieurs projets de plans détaillés de propriétés environnant cette fontaine, dont on jugeait l'eau nécessaire aux casernes projetées. Suivant ma pensée, Jehan Limosin ne pouvait être héritier des terres de Léonard I<sup>er</sup> situées à La Brugère, dont nous avons fait mention dans la biographie de celui-ci, que comme son frère ou son fils. Ce qui manque pour éclaircir parfaitement cette *filiation*, c'est la qualité d'émailleur qui n'est donnée à aucun d'eux : il est vrai qu'il s'était passé deux cents ans depuis cet acte de partage de famille. Léonard devait être né vers 1533 au moins s'il était majeur lors des contrats de 1554 et 1555 signés des notaires Albiat et Pénicaud, où il reconnaît l'obligation de payer une rente foncière sur un domaine du Puy-Ponchet; il avait, dès 1564, un fils, du même prénom que lui, qui payait encore cette rente en 1628. On a des émaux de Jehan I<sup>er</sup> datés de 1597. Il figure au rôle des tailles de 1602, canton du Marché, pour *neuf livres*, une des plus fortes cotes. Son fils, qualifié aussi d'*émailleur*, possédait la grande maison de *feu* son père, rue Manigne, en 1610. Il est appelé dans un acte le *fils jeune* de feu *Jehan*, lequel était décédé à cette époque 1610. Une autre preuve de l'existence de Jehan Limosin du temps de Léonard I<sup>er</sup> est le plan, colorié par ce dernier, où il est question du *Puy-Ponchet* et des terres de *Jehan Limosin*. Ces Jehan

Limosin ont produit des émaux tous les deux : toutefois les œuvres du fils nous ont paru supérieures à celles du père, dont quelques-unes justifient les reproches qu'on leur fait d'annoncer la décadence de l'art. Un troisième Jehan Limosin, dégoûté sans doute de la profession de son père, acheta, en 1678, l'auberge de la Poire, rue Pont-Hérisson; il possédait encore, à cette époque, la métairie de sa famille au Puy-Ponchet. Il y en eut un quatrième, fils de Léonard II Limosin, qui habitait la maison de la rue Manigne avec les fils de François Limosin : j'ignore s'il peignit sur émail.

J'ai observé sur un grand nombre des productions de Jehan I<sup>er</sup> Limosin un goût très-prononcé pour les fonds de couleur sombre, et les ciels d'un bleu foncé, presque toujours semés de points ou d'étoiles d'or. Je citerai, de cet artiste, en première ligne, un grand tableau appartenant à M<sup>lles</sup> Jannart-Printemps, représentant la *Crucifixion* de N.-S. J.-C. sur un fond d'éclatant azur semé de longues étoiles d'or. La sainte Vierge et saint Jean l'Evangéliste sont debout au pied de la croix du Sauveur du monde. Malheureusement, ce grand émail est dégradé, le paillon des vêtements de ces deux personnages étant tombé. — Plaque de 44 centimètres de hauteur sur 35 de largeur.

M. Dauriat possède un émail plus grand encore, 59 centimètres de hauteur et 45 de largeur, qui représente le même sujet. Ce tableau est composé de quatre plaques de cuivre. Au lieu du ciel bleu et des nombreuses étoiles, on y voit un fond noir semé de larmes d'argent, et, dans le bas, six têtes de mort avec des os de tibia en sautoir. Cet émail, long-temps exposé à la fumée d'une cuisine, et placé plus tard entre deux croisées, dans un jour faux et très-faible, n'a été bien vu que lorsqu'il a paru à la splendeur de notre exposition : on a voulu expliquer la présence des larmes et des ossements par la destination du Calvaire à la sépulture des juifs : mon opinion est que ce tableau a dû être commandé par la compagnie des pénitents noirs, dont les larmes et les têtes de mort sont les emblèmes. Les vêtements et la pose de la vierge Marie et de saint Jean sont semblables à ceux peints sur l'émail de M<sup>lles</sup> Printemps. La tête du Christ est couronnée d'épines vertes; celles de Marie et de saint Jean sont ceintes d'auréoles à rayons d'or. Un tapis de brillante verdure borde le bas de ce tableau. Au-dessous, mais dans un ordre irrégulier, on lit ces deux inscriptions en lettres capitales dorées : *O vos omnes qui transitis per viam, attendite, et videte si est dolor sicut dolor meus.* et ce distique latin :

« Aspice me, tu qui pro me crucis arbore pendes,
Et mihi certa salus sit tuus iste cruor. »

Ce qui devait être inscrit sous les pieds de saint Jean est placé sous ceux de la sainte Vierge, et *vice versa*. Ce grand émail a beaucoup souffert par de maladroites réparations : le Christ a les reins enveloppés d'un linge qui ressemble au jupon des émaux incrustés.

Un des chefs-d'œuvre de Jehan I<sup>er</sup> Limosin me paraît être une *Descente de croix* de M. Ibard de Bordeaux, haute de 215 millimètres, et large de 175. La partie la plus élevée de ce tableau est un ciel bleu, semé d'étoiles d'or, blanchissant près de l'horizon, et terminé par les cimes arrondies de montagnes vertes; plus bas, les édifices et les tours de Jérusalem, assises sur des rochers; le tout peint en gris, sauf les girouettes d'or sur les toits pointus. La croix n'a que deux bras, sans branche supérieure, et forme un T. Le bois de cette croix est veiné de lignes d'or.

Au premier plan, gazon vert, émaillé de fleurs dorées et de cailloux blancs : le corps de N.-S. J.-C. y repose à demi couché sur un linceul; sa tête nimbée, ses longs cheveux et sa barbe sont couverts de sang, qui coule sur son côté droit, et inonde ses pieds et ses mains. Ce divin corps est soutenu sous les deux bras par Joseph d'Arimathie, dont la barbe est blanche, et dont le bonnet, pointu, est orné d'une grosse turquoise ; sa toge est glacée d'or, et son vêtement de dessous, brun rouge, bordé de broderies d'or. Une autre turquoise en forme l'agrafe. Derrière ce personnage agenouillé, se tient debout Marie Salomé, couverte d'un manteau bleu, qui enveloppe sa tête, entourée d'un cercle d'or ou nimbe.

En avançant vers la droite, est l'apôtre saint Jean, vu de face : la tête ornée d'un nimbe plein ; robe glacée d'or, et manteau bronze foncé bordé d'une broderie d'or.

Au milieu du tableau, la sainte Vierge, en robe brun rouge et or, revêtue d'un grand manteau bleu formant voile sur sa tête, tient les bras étendus, et tous ses traits annoncent une extrême affliction. Près d'elle, Madeleine, en robe de couleur brune, avec une autre robe par-dessus plus courte, d'une belle étoffe verte, serrée sur la taille par une large *ceinture dorée*: la sainte porte à deux mains un grand vase de parfums : ses cheveux d'or sont ornés d'une bandelette blanche et de perles : la tête est ceinte d'un nimbe d'or. On aperçoit, derrière Madeleine, une partie de la tête de Nicodème, coiffée d'un turban vert à calotte rouge. Les visages de ces six personnages rappellent la manière de Pénicaud, dont Jehan I<sup>er</sup> dut prendre des leçons comme Léonard I<sup>er</sup>.

Une autre *Descente de croix* de ce même émailleur appartient à M. Arbellot, curé de Rochechouart. Elle est signée des initiales I et L séparées par une fleur de lis, marque distinctive des peintres du roi.

Au fond, ciel bleu parsemé d'étoiles d'or ; les édifices de la ville de Jérusalem peints en gros bleu, rehaussés de filets d'or. Marie tient dans ses bras le corps de son divin fils, dont la tête est entourée d'une auréole d'or ; les carnations sont très-pâles. La robe de la Vierge est rouge ; le manteau, bleu glacé d'or avec paillon ; le voile, blanc. Aux pieds de Jésus, près du linceul, sont placés une tête de mort et deux os en croix de Saint-André. Le terrain du premier plan est vert et jaune ; le bois de la croix est enjolivé de mouchetures dorées.

Je possède une petite *sainte Françoise* peinte en émail par Jehan I<sup>er</sup> Limosin. Le fond en est d'un bleu noir avec des étoiles d'or ; la sainte est agenouillée devant un crucifix d'or placé sur un tapis vert recouvrant une table. Elle est vêtue de noir avec une guimpe blanche ; une auréole de rayons d'or entoure sa tête ; ses bras sont ouverts en signe d'adoration. Le Saint-Esprit, blanche colombe, paraît, dans une gloire d'or, au milieu de nuages bleus. On lit au bas : s. FRANCISCA. — Le revers est incolore, un peu rouge par l'éclat du cuivre.

Un *Ecce homo* de M. Ruben se ressent encore de l'école de Nardou Pénicaud ; il est haut de 300 millimètres, et large de 218. Le Christ est debout sous une arcade dont le fond, d'un beau bleu de ciel, brille d'innombrables étoiles d'or ; deux pilastres à bases et chapiteaux très-simples sont les supports de cet arceau ; ils sont de couleur de bois bronzé veiné de filets d'or et enveloppés de draperies d'étoffe verte bordées d'or. Une guirlande de branches à longues feuilles vertes et rehaussées d'or est suspendue aux deux chapiteaux. Des rayons d'or environnent la tête de Jésus, ceinte d'une couronne d'épines vertes ; ses cheveux et sa barbe sont d'un brun foncé. La carnation du visage et du corps est très-pâle, aussi blanche que le linge de ses reins. Les mains, liées par une corde, tiennent une longue tige verte, terminée par le fruit du roseau (lilas foncé). Un manteau rouge orangé descend des épaules à mi-jambes. On lit, d'un côté : ECCE, et, de l'autre : HOMO, en initiales dorées, un peu au-dessous des coudes ; revers incolore très-raboteux.

Le saint Pierre de M. Thézillat est peint sur un fond noirâtre semé de points d'or. La tête de l'apôtre est ceinte d'un nimbe rouge et or ; la robe est bleue ; le manteau, vert et or. Saint Pierre tient, d'une main, une clef d'or ; de l'autre, un livre rouge ouvert. Sur un ruban blanc on lit : *Sainct Pierre ;* au bas, en noir sur fond blanc : *Ie croy en Dieu le pere tout puissant le créateur du ciel et de la terre.* Revers incolore. Dimension d'un in-12.

Médaillon ovale du même docteur Thézillat. Sur un fond semblable à celui de l'émail précédent est peinte une belle tête du Christ, aux couleurs très-animées. Des fleurons en paillon rouge et bleu ornent les quatre coins. Le revers est incolore.

Jehan I<sup>er</sup> Limosin peignit sur émail les portraits de Henri II, prince de Condé, et de Charlotte de Montmorenci, son épouse : celui d'Antoine de Bourbon, roi de Navarre et vicomte de Limoges, fut probablement fait par lui lors du séjour de ce prince avec la reine Jeanne d'Albret dans la ville chef-lieu de cette vicomté. Les deux premiers sont inscrits aux n<sup>os</sup> 778 et 779 de la collection de M. Debruge : ce sont des médaillons ovales inscrits dans des octogones. Le paillon brille sur les vêtements, et des fleurs de couleurs variées, rehaussées de filets d'or, remplissent leurs encadrements ou bordures. Ces deux portraits du père et de la mère du grand Condé sont le pendant l'un de l'autre. Les revers en sont incolores.

M. Jules La Barte cite comme un des plus beaux ouvrages de Jehan I<sup>er</sup> Limosin le coffret inscrit au n° 774 de la collection de M. Debruge-Duménil. Ce coffret est formé de dix plaques émaillées ; son couvercle est divisé en trois parties, sur lesquelles l'artiste a peint le triomphe de Bacchus, Cérès dans un char traîné par deux lions, une chasse au cerf, et une femme entourée d'animaux sauvages. La plaque de devant présente sept personnages dansant, et vêtus de riches costumes de fantaisie de la fin du règne de Henri IV. Sur les faces latérales, un homme et deux femmes, deux hommes et une femme exécutent une sarabande. On retrouve sur le fond de ces trois plaques les étoiles d'or, plus des papillons et des oiseaux de différentes couleurs. La plaque postérieure du coffret est en émail bleu céleste, décorée d'un tournesol au milieu, et de papillons dans les angles. Le champ est semé de chiffres composés de deux A, *Anna Austriaca,* flanqués de quatre S barrés, initiales du mot SPES, devise de la maison de Navarre, et de celle de la maison de Bourbon : SVM. QVI. SVM.

Au bas de la plaque de devant, se lit le monogramme de Jehan I<sup>er</sup> Limosin IL. La richesse de ce coffret et la beauté du travail ne permettent pas de douter qu'il n'ait été fabriqué pour Anne d'Autriche, femme de Louis XIII, roi de France et de Navarre. Mais, comme leur mariage n'eut lieu qu'en l'année 1615, long-temps après la mort de Jehan Ier Limosin, il faut nécessairement attribuer le mérite de ce brillant travail à son fils Jehan II, dont nous allons nous occuper.

C'est à tort que M. J. La Barte nomme cet émailleur *Jean Léonard*. Ce même M. La Barte a inscrit dans son catalogue, sous les nᵒˢ 775 et 776, deux plaques octogones représentant *Pallas résistant à son père*, la première avec le monogramme IL, la seconde avec une bordure d'oiseaux et de fleurons. — Le nᵒ 777, l'*Enlèvement d'Europe*, fait pendant à cette dernière.

M. Didier Petit, de Lyon, a inscrit dans son catalogue un Christ signé des initiales de Jehan Limosin, avec l'inscription : SALVATOR MUNDI. On cite des œuvres de ce maître dans les collections de M. Pourtalès et de M. Tusseau.

Si Jehan Ier Limosin fut le plus jeune frère ou le fils puîné de Léonard Ier, il a pu lui survivre jusqu'à l'année 1597, date du portrait de Bardou de Brun donné par M. Joseph Magnol-Dumas à M. Germeau. Bernard Bardou de Brun était alors âgé de 33 ans, comme cela est écrit en latin auprès de sa tête. Ce pieux personnage étudia le droit à Toulouse, et, de retour à Limoges avec le titre d'avocat, il y créa plusieurs confréries de pénitents sur le modèle de celles de Toulouse, se fit prêtre dans la suite, et mourut en odeur de sainteté. Son tombeau se voit encore dans la chapelle des *pénitents noirs* de l'église paroissiale de St-Pierre-du-Queyroix (1). Le bienheureux Bardon est présenté vu de face, barbu, et au pourpoint de velours noir; un rideau vert est suspendu derrière sa tête ; le fond de l'ovale du portrait est bleu clair. Il a été fait plusieurs portraits de ce fondateur des pénitents sur émail : (il y en a un très-grand de *Laudin*), sur cuivre, sur bois, et en gravures dans les livres des pénitents. Cette peinture suivant l'ancienne manière doit être un des derniers ouvrages de Jehan Ier.

Les émaux du Louvre sont moins à la portée des amateurs qui désirent les étudier de très-près. Je n'ai pu, dans mes visites à ce riche musée, bien saisir les différences entre les œuvres du père et du fils : je crois pouvoir déclarer pourtant que celles de ce dernier ont plus d'éclat. Je me borne donc à les indiquer aux curieux.

1 La vie de Bardon de Brun a été imprimée chez Pierre Chapoulaud en 1668. Les descendants de cet imprimeur possèdent encore quelques exemplaires de ce livre, écrit avec une grande naïveté.

Le n° 432 est celui d'un grand plat ovale où trois épisodes de l'histoire d'Esther sont peints sur trois plans. Assuérus, assis sur un trône, tend son sceptre vers la reine, qu'accompagnent deux suivantes. Près du roi, en costume royal, se tiennent quatre hommes debout; un petit chien blanc s'élance sur la première marche de l'estrade. Au deuxième plan, Assuérus, revêtu des insignes de la royauté, dans un appartement décoré de pilastres, se fait lire les annales de son règne par un de ses officiers à la lueur d'une torche portée par un autre; un troisième semble parler avec chaleur.

La dernière scène se passe au dehors, et se voit à la faveur d'une porte cintrée, gardée à l'intérieur par trois soldats. Sur le seuil est assise une femme tenant un enfant; plus loin, Mardochée sur un cheval blanc, avec les insignes et les vêtements royaux. Aman conduit le cheval par la bride : on aperçoit la potence préparée pour le favori d'Assuérus se détachant sur l'azur du ciel.

À l'angle de l'estrade, on lit, en lettres noires sur un fond blanc : IEHAN LIMOSIN. Le rebord du plat, recouvert d'émail noir, est orné de quatre médaillons : têtes de face d'un ange ailé, d'une sainte femme, et de profil d'un guerrier et d'une sybille. Le revers présente le buste en grisaille d'un empereur, et des têtes de femmes entourées d'arabesques et de guirlandes de feuillage sur fond noir.

Sur le bassin de forme ovale n° 433 est peinte la femme d'Urie, Bethsabée, prenant un bain. Elle est assise dans l'eau, servie par quatre femmes; l'une d'elles arrange sa chevelure; une autre lui offre des tablettes écrites; au fond, vers la gauche, David, la couronne en tête et un sceptre fleurdelisé à la main, se penche sur l'angle d'un balcon. Ce sujet est peint sur un fond noir rehaussé de filets d'or et de paillon.

Le rebord est orné de masques de satyres, de têtes de femme et de guerriers, de termes, de personnages grotesques et d'animaux fantastiques. Le revers, en grisaille, présente un cartouche entouré de perles et de guirlandes de feuillage, de macarons à figures teintées.

Le bassin n° 434 est peint dans le même genre : il représente l'*Enlèvement d'Europe*. Ses deux suivantes, désespérées, sont agenouillées sur le rivage, tournant leur regard vers Europe, emportée dans le lointain par un taureau blanc qui traverse la mer en nageant. Murs et monuments d'une ville. Au premier plan, deux taureaux paissant et habitation champêtre. Sur le rebord, vases et perles; au revers, tête de femme de profil, médaillons, agrafes de perles, fleurons dorés.

N° 435. — *Salière à six pans.* — *Apollon et les Sciences*, peints en émaux de couleur sur fond noir, paillon et filets d'or. Les six figures, posées sur des consoles, sont celles de la *Physique :* Apollon jouant de la lyre ; de la *Rhétorique*, jouant de la viole; de la *Musique*, frappant des cymbales; de la *Dialectique*, tenant une flûte ; de l'*Astronomie*, une trompette, et de la *Jurisprudence*, une guitare. La base est ornée d'une frise circulaire formée d'oiseaux et de rinceaux. Un buste de guerrier décore la concavité de la salière ; un cercle de pierreries, le rebord. On retrouve de petits ornements dorés jusque dans le dessous de ce vase. Au n° 436 est inscrite une écuelle, dorée comme la salière : au fond, tête de femme, de profil; au rebord et au revers, rosaces et oiseaux.

Jehan I<sup>er</sup> Limosin signait ses émaux en toutes lettres : IEHAN LIMOSIN, ou de ses initiales I.L. Je parlerai plus bas de la signature ornée d'une fleur de lis. Dans une lettre que M. Ferd. de Lasteyrie me fit l'honneur de m'écrire le 10 juin 1858, il me signalait une admirable aiguière avec son plateau, signée I. et L., séparés par une fleur de lis : « Il est impossible de rien voir de plus beau comme travail, dessin, composition, vivacité des couleurs et conservation. Les sujets sont très-nombreux, très-variés ; même le dessous du plateau porte une décoration de figures peintes. Le style de cette pièce appartient évidemment au milieu du xvi<sup>e</sup> siècle. M. le baron d'Yvon l'a achetée, pour sa collection, le prix fabuleux de *vingt-quatre mille francs.* »

M. de Lasteyrie avait pressenti, par la sagacité de ses observations, l'existence de deux Jehan Limosin. Grâce aux rôles des tailles de 1604, 1625 et 1634, que je compulsai si scrupuleusement, et où je puisai, il y a déjà bien long-temps, des détails curieux sur les noms de famille de Limoges, et des émailleurs connus ou inconnus; grâce à d'autres actes de nos archives, et à des découvertes récentes, j'espère avoir éclairci la question, et je suspends les biographies de Léonard II et de François Limosin pour parler de Jehan II.

L'acte dont j'ai cité la date, qui donne au père la qualification de *défunt* ou *feu* en 1640, constate que le fils du même nom payait la taxe de sa maison depuis cette époque jusqu'à 1628 (1). Jehan I<sup>er</sup> aurait pu, comme le plus jeune frère de Léonard I<sup>er</sup>, lui survivre de 20 à 25 ans, et Jehan II, né dans la seconde moitié du xvi<sup>e</sup> siè-

_______

(1) Voir aux pièces justificatives.

cle, avoir atteint la maturité de son talent vers la fin dudit siècle ou au commencement du suivant.

Nous devons attribuer à Jehan II Limosin un autre coffret semblable à celui de M. Debruge, orné aussi des chiffres d'Anne d'Autriche, fait vers l'an 1615, et conservé dans la collection de M. Soltikoff; — *Ananias*, grand plat, de celle de M. Visconti; — *l'amour divin* et *l'amour humain*, du cabinet de M. Sauvageot, et le *Calvaire*, n° 1044 du musée de l'hôtel de Cluny, peint en couleurs, avec filets d'or, signés des initiales I. et L.

Une œuvre de cet émailleur, signée et datée, me vient en aide comme preuve de mes calculs. Elle a bien son mérite à mes yeux, quoique fort petite. C'est une double girouette jadis placée sur la tête du coq qui terminait le clocher de l'église de Solignac. Elles ont la forme d'écussons, où sont peintes sur émail les armoiries d'un abbé commendataire de ce célèbre monastère, Jaubert de Barraud, baron de Blagnac, évêque de Gap, *à la croix noire chargée de cinq coquilles sur champ d'or*. On lit sous l'écusson I. L., séparés par une fleur de lis, et la date 1619. Au revers, sur l'émail incolore : *Jehan Limosin, émailleur du roy*, 1619.

Cette inscription et cette fleur de lis me font penser que les rois de France, qui protégeaient nos artistes, leur donnaient des titres honorifiques, tels que *valet de la chambre royale, peintre du roi* ou *émailleur du roi;* que la fleur de lis était l'emblème, en quelque sorte, de ces titres, et qu'il n'y avait pas de manufacture royale d'émaux proprement dite à Limoges. Jehan I<sup>er</sup> n'aurait pas eu le titre de peintre du roi du vivant de Léonard II, plus jeune que lui et successeur de son père. Je crois donc qu'il faut attribuer à Jehan II Limosin les émaux où la fleur de lis accompagne ses initiales.

La canonisation des saints Ignace et François-Xavier, qui eut lieu vers cette époque, dut avoir un grand retentissement à Limoges. La compagnie de Jésus, établie depuis 1599 en cette ville, avait élevé son collège à un degré extraordinaire de prospérité. Il y eut, à cette occasion, de grandes processions, où défilèrent douze cents étudiants, au dire de nos annales. Les jésuites de Limoges durent faire exécuter à nos émailleurs des peintures sur émail en l'honneur de cette grande solennité.

Un marchand de Bourdeilles conservait, depuis long-temps, dans sa famille un émail que j'ai eu l'avantage d'examiner quelques heures : il a été peint par Jehan II Limosin avec un fini et une délicatesse extrêmes: le paillon, habilement employé, ajoute à l'éclat des couleurs. Sur un fond d'azur, où brillent des étoiles d'or, est représentée debout la sainte Vierge, ayant une couronne d'or sur la tête ; sa robe bleue et son manteau de pourpre sont rendus plus riches par le reflet du paillon. A chacun de ses côtés sont placés les deux saints Ignace et François-Xavier, agenouillés à ses pieds. Le premier porte sur son cœur le monogramme I.H.S. , *Jesus hominum salvator*. Le second tient un lis ; au bas on lit, en lettres noires sur fond blanc : *Ecce tota pulchra es amica mea*. Quelques fleurs sont aussi rehaussées par le paillon ; le revers est incolore. Cet émail, long et étroit, était entouré de reliques.

M. l'abbé Arbellot avait prêté à l'exposition un *saint Louis de Gonzague* du même artiste. Le saint est vêtu de noir ; le nimbe de sa tête, le crucifix qu'il tient à la main et les étoiles du fond sont d'or : un tapis vert recouvre une table. Des fleurons décorent les pans du cadre, qui est hexagone. On lit au bas, en lettres dorées : *B. Aloysius Gonzaga*.

M<sup>me</sup> veuve Auguste du Boys conserve dans la collection de son mari, un émail de Jehan II Limosin, daté de 1622 ; il a 11 centimètres de haut sur 8 de large. Il représente l'avocat au présidial *Balthazar du Boys*, agenouillé sur un coussin au pied de la croix de J.-C. La tête du Christ est ceinte d'une auréole de rayons d'or ; ses membres sont tachés de sang. Le fond de ce petit tableau est bleu foncé ; le ciel, chargé de nuages ; le soleil et la lune paraissent aux deux angles de la croix. Dans le lointain, clochers, monuments, *aquéduc*, etc., de Jérusalem.

B. du Boys est vêtu de velours, toque de la même étoffe, fraise et col rabattu ; livre ouvert sur un prie-dieu. Armoiries des du Boys : *d'azur, orle à sept boucles, lion en chef, arbre dans le champ*, entre un B. et un D, initiales de Balthazar du Boys : sa tête, à barbe pointue, est semblable à celle qu'on retrouve parmi celles des notables de Limoges du grand émail de Léonard II de 1622. On lit au bas ce distique latin, et la date MDCXXII :

 « Pro nobis suspensum cernis in arbore Christum
  A Bosco ; ut cernas stemmata, cerne crucem. »

Je cédai cet émail, qui m'appartenait, au regrettable Auguste du Boys, dont j'avais reçu mille preuves d'affection. C'est à tort qu'on l'a attribué dans un journal à François Guybert.

J'ai retrouvé les mêmes armes des du Boys sur une miniature de 1570, avec un quatrain en vers français en l'honneur d'un François du Boys, dont le portrait, en pied, est peint sur le feuillet de gauche par quelque émailleur de cette époque, peut-être Jehan I<sup>er</sup> Limosin.

M. E. Desisles, greffier en chef de la cour impériale, possède deux jolis émaux de Jehan II, une *sainte Marguerite*, en robe pourpre et manteau bleu glacés d'or, tenant entre ses mains jointes une croix dorée, foulant aux pieds un dragon vert ; le paillon reluit sur les vêtements et les *quatre-feuilles* rouges et bleus des arabesques des angles. Le fond est bleu céleste.

Une *sainte Claire* sur un fond pareil à celui de l'émail de sainte Marguerite ; elle porte un voile noir et blanc, une robe brune ; le saint Sacrement, qu'elle tient à la main, est de couleur rouge ; la sainte hostie est bleue ; l'or brille dans l'auréole, et le paillon sur les vêtements.

Le *saint Bernard* de M. Sénemaud, qu'on voyait à l'exposition, est aussi de Jehan II. Le saint a la tête rasée en couronne ; une seule et légère mèche de cheveux ombrage le front ; son froc blanc se détache sur un fond violet foncé parsemé d'étoiles d'or ; des fleurs en paillon rouges, bleues, vertes et jaunes décorent les angles, et entourent l'ovale en forme de cadre.

L'*enfant Jésus* de M. le docteur Thézillat est peint par le même émailleur sur un fond comme celui du saint Bernard ; une croix repose sur un coussin bleu brodé d'or ; un tapis de verdure s'étend sur le premier plan. En dehors de l'encadrement, de fleurs en paillon, un cœur dans le haut, des mains sur les côtés, et, au bas, des pieds sur un fond d'or.

Dans le châssis qui renfermait une partie de la précieuse collection de M. Taillefer, les œuvres de Jehan II Limosin étaient représentées par un beau *saint Charles-Borromée.*

M. Germeau, ancien préfet, nous avait confié une jolie tête de Vierge vue de profil, couverte d'un voile bleu et or sur fond d'azur constellé d'étoiles d'or. Le petit cadre est orné de fleurons aux quatre coins ; revers incolore.

N'oublions pas de citer un petit émail de 10 centimètres de haut sur 8 de large, envoyé par M. P. Ibard, de Bordeaux. On lit au bas, en lettres d'or en partie effacées : S. P. *Romanus, vixit an.....* C'est l'image du saint-père *Romain*, pape en 897, qui occupa la chaire de saint Pierre moins de quatre mois. Sa tiare est de pourpre à trois couronnes d'or ; il tient une grande croix d'or à trois traverses ou six bras. Romain est assis sur un fauteuil doré. Une chape bleue, de couleur claire et doublée de vert, recouvre une aube *blanche* ; elle est retenue sur la poitrine par une agrafe en *quatre-feuilles* rouges. Les pantoufles ou souliers sont violets, les vêtements, les ornements et le tapis vert moiré de noir et bordé d'une frange, sont éclatants de paillon, et rehaussés de filets d'or. Le pape tient, de la main gauche, un livre relié en vert, dans dans lequel il lit un autre livre plus grand, également doré sur tranche, repose tout ouvert sur le tapis d'une table où le coude du saint-père s'appuie. Quelques mots à demi effacés sont inscrits en noir sur les deux feuillets blancs de ce livre : *Quia liberavit paupe-rem a potente;* et derrière le siége de Romain se voit une porte peinte en rouge violacé, à chambranle vert et or, entre deux colon-nes et sous un fronton triangulaire d'un marbre bleu de turquoise; les corniches et les chapiteaux sont dorés ainsi que les lambris; les murs de l'appartement sont drapés d'une étoffe d'un bleu pour-pré foncé; le parquet est de couleur brun rougeâtre. Revers inco-lore. On distingue sous l'émail les lignes gravées sur le cuivre, qui ressortent en noir malgré la transparence des couleurs.

Lors de la vente du mobilier de M. Hope, en adjugea, pour 410 fr., un portrait peint en couleurs par Jehan II Limosin, signé des initiales I.L., de 13 centimètres de hauteur sur 10 de largeur. C'est celui d'Eléonore Galigaï, maréchale d'Ancre et favorite de la reine Marie de Médicis, qu'elle dut accompagner dans ses voyages aux provinces du Midi. Je ne suis pas de l'avis de M. J. La Barte, qui classe ce portrait parmi les émaux de J. Laudin.

En revanche, j'attribuerai à ce dernier deux petits tableaux de 12 centimètres sur 8, *Jésus-Christ* et la *sainte Vierge* de M. Lapeyre, sous-bibliothécaire de Périgueux, que, d'après la signature I.L., on croit de Jehan Limosin.

M. Bretagne, directeur des contributions à Auxerre, m'a fait l'honneur de m'adresser la description d'un émail de 11 centimètres de hauteur sur 8 de largeur, qui est signé des initiales I.L. en lettres dorées, et entouré d'un cadre de vermeil; sur un fond bleu se détache le mont Parnasse. Apollon, jouant du violoncelle, en occupe la cime, et Pégase caracole devant lui; au dessous, l'Hippo-crène, appuyée sur une urne; plus bas, les neuf muses chantent en s'accompagnant de divers instruments : elles sont nues jusqu'à la ceinture de leurs robes, où brille du paillon de couleurs variées. Les figures de ce précieux émail, quoique petites, sont par-faitement et finement dessinées.

M. Placido Zuloaga, de Madrid, nous a signalé un émail de Jean II d'un très-beau travail : la tête de saint *Jean-Baptiste*, dans un plat, y est représentée.

Jehan II Limosin serait arrivé à une extrême vieillesse s'il faut s'en rapporter à la mention suivante : « Messire Jehan Limosin paie sur la maison des Pousses (la rue) moitié de la rente aux prêtres communalistes de Saint-Michel. L'autre moitié est due par François Limosin. La rente a été payée de 1635 à 1646. » En 1648, la grande maison de Jehan Limosin et de son fils le jeune payait un sou six deniers de fondalité. Un acte de 1666, en parlant de la grande maison de la rue Manigne, qui avait été habitée successivement par Léonard I<sup>er</sup> et Jehan I<sup>er</sup>, qualifie ses héritiers du nom de *hoirs de Jehan Limosin gendre à Pinchaud* (1).

Un troisième Jehan Limosin, émailleur, payait, en 1679, des cens et rentes sur la terre du Puy-Ponchet, propriété de Jean II, à la frairie de *la Conception*, et pourrait être son fils. Il vendit le Puy-Ponchet aux Ursulines ; et, comme il acheta une auberge, celle de *la Poire*, rue Pont-Hérisson, je dois présumer qu'il renonça à l'émaillerie. Ce peut être aussi le fils de François Limosin.


### III. — FRANÇOIS LIMOSIN.


La même obscurité qui régnait sur l'existence de François Limosin s'éclaircit, en partie, par les actes où figurent ce nom et leurs dates, qui nous forcent à admettre deux Limosin de ce prénom. Le premier peut avoir été un frère de Léonard I<sup>er</sup>, né après Martin et avant *Jehan*, puisque c'était son contemporain ; le second serait fils du premier François, et cousin germain du deuxième Léonard. On pourrait, à la rigueur, attribuer au père de Léonard I<sup>er</sup>, qui a porté le premier le nom de François, les émaux datés de 1534 ; mais, comme il était *courtier* et *hôtelier*, il n'est pas à croire qu'il ait exercé l'industrie de l'émaillerie.

Or donc le portrait en médaillon de Clément VII daté de 1534 serait l'œuvre de la jeunesse du premier François Limosin. Le buste de ce pape y est entouré d'ornements formés par des trophées d'armes, des têtes de morts, des instruments de musique et des têtes antiques, qui font sans doute allusion aux goûts de ce pape, neveu de Léon X, et Médicis comme lui. On lit autour l'inscription en capitales : CLEMENS SEPTIMVS. Deux actes de nos archives de 1564 et de 1579 nous offrent un double intérêt. Le premier, relatif à la

---

(1) Les Pinchaud étaient une famille d'orfèvres.

vigne du Puy-Ponchet, concerne François Limosin, et il est de la main de Jehan Court dit Vigier. Il est conservé aux archives départementales, liasse 3406. C'est un plan colorié des *Audoueynas*, où figure une terre des *Bonnet*, cotée comme propriété de François Limosin. Ce plan est signé JEHAN COURT DICT VIGIER. Nous parlerons avec plus de détails de ce travail remarquable à l'article du célèbre émailleur de ce nom.

Le second acte est un titre de rente annuelle d'un écu, due à *la Règle* et à l'hôpital Saint-Martial, sur l'auberge de Saint-Georges, qu'il possédait par indivis avec Léonard II, et concerne particulièrement François Ier Limosin.

A partir de cette année, les actes doivent s'appliquer à *François II*, son fils, même celui du 12 août 1579, par lequel Deloménie, syndic de l'abbaye de la Règle, donne un exploit de saisie contre *François* et *Léonard* Limosin, *émailleurs*, pour les arrérages de la rente due à l'hôpital Saint-Maurice sur *leur* maison de la rue Barreyrette.

M. Didier Petit, de Lyon, trompé par les initiales F. L., attribue à un *François Laurent*, émailleur, un dyptique de 30 centimètres de hauteur et 24 de largeur, représentant sur les deux panneaux *la Circoncision* et *Caïphe déchirant ses vêtements devant Jésus-Christ*. Les figures de ce dyptique, enrichies de paillon, sont d'un beau caractère, et le travail a paru à M. D. Petit dater de la fin du XVIe siècle. Cet émail est du premier François Limosin.

Nous possédons plus de détails sur son fils, le second François Limosin, qui paraît avoir eu des liaisons intimes de parenté et d'intérêts avec le second *Léonard*. Comme nous l'avons déjà vu par un acte de l'an 1579, les émaux de 1582 signés F. L. sont ses productions. Il fit en 1586 un plan colorié dans un procès entre les R. PP. feuillants et M. de Julien au sujet de Parpeyroles. Il est cité dans des contrats de 1588 pour sa vigne du Puy-Ponchet. Nous connaissons le nom de sa femme : elle s'appelait Jeannette Cibot ; elle était fille de Jean Cibot dit *Pilat*, et tante de Marie Taillandier, qui épousa Léonard II en secondes noces : aussi, dans un titre, François II et Léonard II sont-ils qualifiés d'*oncle* et de *neveu*. Jeannette Cibot survécut à son mari, qui décéda entre les années 1635 et 1646. Nous avons retrouvé les quittances délivrées à sa veuve et à son fils pour des arrérages de 1635 à 1646. La rente était de 4 livres 10 sous, pour la moitié, sur sa grande maison de la rue des Rousses (*l'héritage de Léonard Ier*), comme appert au terrier rougé du prieuré de Saint-Gérald, qui porte les noms de *François* et de son fils *Jehan*, 101ᵉ feuillet, argent 7 l. 5 s 6 d. pour cens, etc.

Au folio 55 est une mention du paiement des arrérages, pour les mêmes années, de 3 livres, au sujet de la rente sur la maison de la rue Manigne. Quittances en sont données à Jeannette Cibot, veuve de *François Limosin*, et à Jehan Limosin, grand-vicaire de Saint-Martial.

Nous passerons rapidement sur les actes de 1588 entre François et ses beaux-frères ; de 1600, où il figure déjà avec Léonard II pour la grande maison de la rue des Pousses : les quittances de 1601 sont faites en leurs noms réunis ; mais nous mentionnerons celui de 1604 pour sa maison de la rue Manigne, parce qu'il y est appelé *sire François*, ce qui fait présumer qu'il avait obtenu le titre de *peintre* du roi.

Nos deux émailleurs payaient ensemble, en 1626, au chapitre cathédral, une rente de *cinq sols* sur l'oysière (*oseraie*), maintenant vigne (1626), qui fut de Jehan Cybot dit Pilat, *modo Françoys et Léonard Lymosin, aimailheurs* (sic). — Mêmes déclarations aux folios 154 et 184 du terrier de Duboys pour la maison de la rue de *Magninye*, quittance des arrérages de 1647. Cette rente de 3 livres fut payée ensuite par Joseph Limosin et autres héritiers de François.

Un des premiers ouvrages de ce dernier serait la *sainte Trinité*, peinte sur deux panonceaux ; ils sont datés de 1582, et signés F. L.

Dans le catalogue de M. Didier Petit, de Lyon, au nᵒ 76, était enregistré un émail carré long, haut de 11 centimètres et large de 9, représentant *sainte Marie Majeure*, signé F. L. La peinture est en couleurs rehaussées de paillons.

Au nᵒ 163, un boîte à miroir, de 9 centimètres sur 7, en argent doré, présente, sur une de ses faces, une plaque d'émail en couleurs avec paillon : on y voit *Psyché nourrissant Cerbère* ; les ornements qui l'entourent sont d'une grande finesse. Signé F. L.

M. Didier Petit, qui explique ces intiales par *François Laurent*, dit pourtant avoir vu un émail signé *François Limosin* dans la collection de M. Espaulart, du Mans.


Le musée du Louvre expose aux regards des curieux des plaques émaillées inscrites du nᵒ 447 au nᵒ 452 inclusivement, signées F. L, dont l'une est datée de 1633. On reproche à leur auteur d'y avoir prodigué le vert et le bleu, ce qui leur donne un ton uniforme et verdâtre.

*Neptune* armé du trident, escorté de tritons et d'un monstre marin, dirige les chevaux attelés à son char (coquille). A l'arrière-plan, petit vaisseau, montagne élevée où s'est *arrêtée l'arche de Noé ;* autres montagnes verdoyantes ; paillons, filets d'or.

Plaque ovale. — *Diane, nymphes :* l'une d'elles tient un chien en laisse. — *Apollon* perçant de flèches *Orion,* qui nage vers un navire. — *Psyché* implorant *Junon :* la déesse est sur des nuages : ciel bleu ; encadrement d'oiseaux et de fleurs sur fond noir en émail ; paillon et filets d'or. — *Orphée* couronné de feuillages, et s'accompagnant de la lyre, chantant devant Pluton et Proserpine ; navire sur les flots. — Le même Orphée attirant les animaux par ses chants : il est assis, et joue de la lyre  paons et oiseaux à brillant plumage perchés sur des arbres ; près de ses pieds , cerf, léopard, licorne, lion , ours blanc, petit poisson dans l'eau. — *L'Amour et Psyché :* campagne ; ciel bleu éclairé de rayons dorés ; encadrement d'émail noir orné de fleurons en paillon

François II Limosin fut parrain , le 24 juin 1606, d'un fils de Léonard II et de Marie Dupin, baptisé à Saint-Pierre-du-Queyroix. Il le fut encore d'un autre garçon du même le 23 novembre 1615 ; il prit à son tour, en 1619, Léonard II pour parrain d'un de ses enfants mâles, né de Jeannette Cibot le 1er avril. On voit déjà, comme nous le prouverons plus loin , qu'il régnait entre eux une grande intimité ; François était solidaire ou caution de Léonard II dans l'administration des biens de Jehan Cibot, beau-fils de l'un et neveu de l'autre. Je reprendrai ce qui concerne Joseph Limosin , fils de François, et son hérédité, après la biographie de Léonard II, pour ne pas trop intervertir l'ordre chronologique.

<br>

## IV. — LÉONARD II LIMOSIN.

Deux actes du notaire Deschamps , de l'année 1541, relatifs aux deux maisons possédées en indivis par Léonard I<sup>er</sup> Limosin et Martin, son frère, portent en marge cette apostille : *Aujourd'huy François et Léonard,* 1587. Léonard II était fils de Léonard Ier, valet de la chambre du roi François Ier, et son peintre émailleur. Le fils obtint aussi ce dernier titre, comme semblent l'indiquer le nom de *sire* et la fleur de lis placée entre ses deux initiales L. et L.

Les premières traces de ses travaux sont les peintures qu'il fit sur le registre de la confrérie du Saint-Sacrement de Saint-Pierre-du-Queyroix des années 1576 à 1580 ; il reçut, entre autres paiements, 4 livre 14 sous pour la copie de deux panonceaux. Nous avons déjà cité un acte de 1579 qui lui était commun avec François pour la rente à l'hôpital Saint-Maurice et à l'abbaye de la Règle, sur leur maison de la rue Barreyrette ; un autre de 1588 le cite parmi les beaux-frères de ce même François. Son nom figure au rôle des tailles de 1602, canton du Marché, pour *neuf livres*, comme gendre de Deschamps, dont il avait épousé la fille *Marie* en 1599 ; il payait, en outre, 1 écu 36 sous pour la taxe personnelle. Il aurait épousé, cette même année 1602, *Marie Dupin* en secondes noces. Il contracta un troisième mariage, en 1615, avec Marie Taillandier, veuve de Jehan Cibot. Outre l'auberge de *Saint-Georges*, Léonard II possédait des maisons dans les rues *Descendant-Manigne* et *Barrey-rette*. Le titre de *sire* ou *messire* lui est donné dans la *facture* d'un passementier du 25 octobre 1610, ainsi inscrite sur son livre : « Doibt le sire Léonard Limosin, que son fils a heu, pour 10 et un quart crespy croisé de Boullongne, à 31 s. — 20 et demy crespy fort, etc. » ; ce qui démontre qu'il avait un fils à cette époque. Un autre acte, portant ces mots : « Sire *Léonard Limosin* et autre son petit-fils, 1610, » confirme ce fait.

Il fit et signa, en 1614, un plan colorié dressé à l'occasion d'un procès entre les pères carmes-deschaux et les bénédictins de Limoges ; Etienne Vidaud étant prieur de Saint-André, et Joseph Avril, syndic de Saint-Augustin. On y lit cette apostille : « Le trois novembre mil six cent quatorze, le soubsigné a esté leuer reste figure sur les lieux *Rouchaux,* et proces-verbal sur ce de ce jourd'huy en présence de M. Estienne Vidaud, prieur de Saint-André. et Joseph Apuril, syndic de Saint-Augustin, qui est acte faict cy-dessus. »

« Signé Léonard Limosin. »

J'ai comparé attentivement les signatures du père et du fils sur les plans faits par l'un et par l'autre ; j'ai reconnu que l'écriture de Léonard I<sup>er</sup> est bien plus belle que celle de son fils.

A la page 39 de la *lieve* des *gros* de Saint-Martial, on lit : Investiture à Limosin fils, émailleur, de sa grande maison de Manigne, par le chapitre, le 26 février 1614. Le contrat reçu par Gadaud, *scribe* et *notaire:* les quittances par *Noalhier,* notaire, jusqu'en 1636 ; les lods et ventes réglés à cinquante livres. »

Les registres de Saint-Pierre-du-Queyroix constatent les naissances de deux de ses fils en 1608 et en 1615; nous avons dit qu'il fut parrain, l'an 1619, d'un enfant de François.

Une pièce de procédure que l'on m'a donnée jette un assez triste jour sur les affaires domestiques de Léonard II et de François II : c'est une requète conçue en ces termes : « Marie Taillandier, relicte de feu Jehan Cybot, et Jehan Cybot, son fils, demandeurs, faisant saisir les fruictz des biens de l'hérédité dudict feu contre Léonard et François *Limosins* (*sic*), marchants émailleurs de la pât. ville, comme mari et légitime administrateur de ses biens, etc., le xxvj septembre 1623.

» Gerbaud, pour ladicte Taillandier, a remonstré qu'elle a porté en la maison dudict Léonard Limosin, son segond mary, des biens et aultres choses de la valeur de plus de trois mille trois cents liures, et par contract, pour supporter les charges dudict mariage, ayant esté contraincte de se retirer de sa compagnie, partant requiert ses biens luy estre *jugés* (*sic*) sy mieux il n'aime luy bailler pension eu esgard à la valeur desdicts biens ; à quoy il conclut, etc. » Il est écrit en marge, et développé dans le corps de cette plainte, que le jeune garçon, Jehan Cybot, praticien, a reçu de mauvais traitements, et a été même battu dans la maison desdits Léonard et François Limosin, et par suite été contraint de suivre sa mère. Celle-ci conclut à cinquante écus de pension « pour tenir place à son fils des deux mille livres que son père lui léguoit par testament, etc. ». Les témoins de cette requète furent Bartholomé Taillandier, marchand *clavelier*, et Jehan Guybert, aussi marchand. Cet acte est signé *Thalyandyer, Cybot, Guybert,* et la sentence, par le juge Descordes. Celui-ci, après avoir ouï les parties, adjugea cent livres au fils et trente écus à la mère comme pension, et décida que celle-ci serait remboursée par des paiements de six cents livres chaque année. Le juge a écrit en marge diverses observations.

Cette pièce, qui a tous les caractères de l'authenticité, nous démontre que François II Limosin, qui était gendre de Marie Taillandier, était, par cela même, mari de la belle-fille de Léonard II Limosin, Jehannette Cibot. Nous ne sommes plus étonné qu'ils eussent ensemble de nombreux intérêts de famille. Cet acte nous apprend aussi que le fils dudit Léonard était déjà assez âgé, puisqu'il maltraitait Jehan Cibot, de concert avec François Limosin, beau-frère de l'enfant. Léonard était moins jeune que François, puisqu'il avait épousé la mère, et ce dernier la fille. Aussi *François* survécut il à Léonard. On voit aussi par cet acte que, depuis le-

poursuites de 1579, *sire* ou *messire Léonard* n'était pas devenu riche, puisqu'il lui fallait atermoyer pour rendre la dot de sa femme. C'était, en effet, le temps d'une grande concurrence entre les émailleurs de Limoges, parmi lesquels florissaient alors les Pénicaud, les Courteys, les Reymond, les premiers Laudin et les premiers Noualhier. Les résultats de cette concurrence durent être désastreux si l'on en juge par les termes si naïfs et si précis dans lesquels Bernard Palissy déplore le bas prix des émaux (*Mémoire sur l'art du potier, les émaux et le feu*) : « Que les esmailleurs de ce siecle, faute de garder secrettes leurs inventions, ayent laissé devenir leurt art si vil qu'ils avoient peine à gagner leur vie aux prix qu'ils donnoient leurs œuvres. — Donner po r trois sous la douzaine les figures d'*enseignes* qu'on portoit aux bonnets, quoique tres-bien élabourées et leurs esmaux tres-bien parfondus sur le cuivre, et de peintures plaisantes par-dessus tout, non-seulement une fois, mais cent mille, ainsi que les aiguieres, salieres et vaisseaux divers, et histoires qu'ils faisoient, chose fort regrettable ! »

Les prix ont bien changé depuis, puisque la valeur actuelle d'une aiguière aurait fait la fortune de son auteur.

Vers l'époque de la canonisation des saints Ignace et François-Xavier, Léonard II dut peindre le bel émail de notre musée qui a 35 centimètres de large et 25 de hauteur ; il est signé de ses deux initiales séparées par une fleur de lis.

Cette plaque, légèrement bombée, représente saint Martial, premier évêque de Limoges, revêtu de ses habits pontificaux, assis sur son trône épiscopal au milieu d'un cercle lumineux entouré de rayons d'or ; on aperçoit dans le second plan quelques maisons de la Cité.

Les notables de Limoges, **M.** de Verthamont à leur tête, agenouillés devant lui, présentent au saint patron de leur ville une requête sous forme de lettre. Le nom de **M.** de Verthamont est écrit, en majuscules dorées, à côté de l'écusson de ses armes, de gueule au lion d'or, deuxième et troisième quartiers échiquetés d'azur et d'or. J. de Verthamont, sieur des Monts, était consul l'an 1623 Balthazar Du Boys, avocat au présidial, dont nous avons cité le portrait en émail avec ses initiales, daté de 1622, avait été consul l'an 1619. Il se fait reconnaître au milieu de ses collègues par sa barbe pointue, sa toge et sa toque de velours noir, sa fraise et son col rabattu. Les notables, vêtus de même, sont partagés en deux groupes de quatre personnages à la droite et à la gauche de ce petit tableau. Les noms de saint Martial, de saint Aurélien, de saint Loup, évêques de Limoges, de saint Ignace et de saint François-Xavier, sont inscrits en lettres d'or. Les bustes de ces saints, portés sur des nuages, sont placés, les deux évêques aux angles supérieurs, les deux derniers aux côtés de saint Martial.

Le fond est d'un bleu noir semé d'étoiles d'or : ce fond est dans le goût particulier des Limosin, à qui Nardou Pénicaud, le maître de tous, en avait donné l'exemple. Les visages sont d'une carnation animée : une auréole d'or couronne les têtes des saints. Le baldaquin du trône, les vêtements, sont de couleurs éclatantes ; les mitres, les agrafes des chapes, brillent d'ornements rehaussés d'or et de paillon, ainsi que les gants et les chaussures.

Le revers de cette plaque, comme celui des émaux des Limosin, n'offre d'autre couleur que celle du cuivre couvert d'un émail incolore.

M<sup>me</sup> veuve A. Du Boys conserve un saint Etienne, abbé de Citeaux, signé des mêmes initiales L. et L., avec la fleur de lis : ce saint, en froc blanc, se détache sur un fond de couleur sombre et étoilé ; les rayons de son auréole, sa crosse et sa mitre sont dorés.

M. Ibard, de Bordeaux, avait envoyé à notre exposition deux émaux de ce Léonard Limosin, un *saint Pierre*, en manteau bleu doublé de vert, et un *saint Thomas*, fort avarié.

M. Jules La Barte décrit, dans le catalogue de la collection de M. de Bruges, n° 786, une salière de forme octogone, présentant, au fond de la coupe, un portrait de femme ; des oiseaux et des fleurons, dont le paillon fait châtoyer les couleurs, décorent le rebord ; des filets dorés en augmentent l'éclat ; six figures de divinités en ornent les pans. Au-dessous de *Diane chasseresse*, sont inscrites les initiales L. L. Le revers est bleu clair.

Je possède un grand fragment d'une salière dans le même genre, qui doit être de *Léonard II* ou de *Joseph* Limosin. On retrouve la même signature, tracée en or, comme la précédente, sur une plaque ovale où sont peintes trois femmes assises sur le gazon, et formant un concert ; leurs jupons bleus et bruns sont brillants de paillon : l'azur du ciel est coupé par des rayons dorés.

M. Soulages, de Toulouse, acheta jadis à Limoges une plaque de miroir octogone dans le centre de laquelle sont peints *Jupiter* et *Calisto*. Des têtes d'amours, des tritons et des animaux mêlés à des fleurs variées, forment les bordures. L'exécution de cette plaque est parfaite ; mais le dessin des figures principales manque de correction. Cette œuvre est signée L. Limosin, et l'écriture est assez conforme à celle de l'acte de 1614 que nous avons cité.

Un de ses fils s'appelait aussi *Léonard* ; il épousa Anne de Julien en 1625, année où le père figure encore sur le rôle des tailles. Nous ne connaissons point d'émaux de lui, ni d'actes qui le concernent.

Un contrat de l'an 1642 parle d'un Léonard Limosin et de Catherine Varacheau, sa veuve : c'était peut-être le fils de François, filleul de Léonard II. La famille des Varacheau figure parmi celles des émailleurs.

Nous trouvons encore un *Léonard Limousy*, gendre à Vachon, dans un acte rédigé en patois, payant une rente au chapitre cathédral sur sa vigne du clos Chaudron, et une seconde à l'hôpital Saint-Gérald.

Enfin nous mentionnerons qu'un Hierosme Limosin, héritier de Léonard, prêtre de la communauté de Saint-Pierre-du-Queyroix, vendit, l'an 1700, sa maison et sa vigne du clos Sainte-Valérie au séminaire des Ordinands.


## V. — JOSEPH LIMOSIN.


On lit sur le registre de la communauté des prêtres de Saint-Michel-des-Lions : « Joseph Limosin et les héritiers de François Limosin, sur la maison de la grande rue Manigne (une de celles de *Léonard* I<sup>er</sup>), doivent rente, ainsi que ceux de *Jehan Limosin* gendre à Pinchaud, sur la même maison ; doivent aussi aux bayles de la confrérie de la Courtine, avant 1666 ». Joseph me paraît, d'après ce texte, l'aîné des enfants de *François II Limosin*, et *Jehan* serait un fils de Léonard II, cette maison étant sans doute indivise entre eux : cette explication que nous donnons ne contredit en rien nos autres remarques.

Ce *Joseph* a signé : *Joseph Limosin fect*, pour *fecit*, la salière n° 437 du Louvre, dont il a exécuté plusieurs copies, ne les signant que des initiales I. L., qu'on a pu prendre pour celles d'un *Jehan Limosin*. Le salière en question représente *Minerve* et les *Sciences*. Le pied et l'orifice en sont ronds ; le fond est noir rehaussé de filets dorés et de paillon : ces divinités sont placées au-dessous d'un pavillon bleu sur chaque face de la salière. *Pallas* porte la lance et le bouclier : *Apollon*, couronné de laurier et la lyre à la main , représente la *Physique ;* la *Musique* danse et frappe des cymbales. La *Sapience* tient un livre ouvert, et la *Dialectique* danse tout en jouant de la flûte ; sous les pieds est l'inscription : IOSEPH LIMOSIN FECT. La *Grammatique* souffle dans une longue trompette. Autour de la base de cette salière circule un collier de pierres précieuses bleues et violettes (*imitation*) ; dans l'intérieur, buste d'homme tenant sur son poing un faucon ; le rebord est orné, dans la concavité, de rosaces en paillon et de brindilles d'or ; le fond bleu est semé d'élégantes fleurs de lis d'or.

Deux salières de forme conique portent les n⁰ˢ 648 et 649 du catalogue de la vente d'objets d'art de la succession de feu M. Jean d'Huyveller, de Gand ; elles sont signées des initiales I. L. , et paraissent de la mêm  main que la salière du Louvre.

Un Joseph Limosin vivait en 1706.

L'amateur exercé qui a examiné beaucoup d'émaux ne peut se tromper, et il distingue sans peine, parmi les signatures aux initiales I. L., les œuvres des Jehan et Joseph Limosin , des Jacques, Jean et Joseph Laudin, qui tous les ont adoptées : le dessin, la touche, la manière, sont différents; les Laudin indiquent souvent leur demeure.

## VI. — BERNARD LIMOSIN.

M. Didier Petit, de Lyon , cite un émail du musée de Dresde signé *Bernhart Limousin*. La forme germanique donnée à ce nom semble indiquer qu'il aurait travaillé en Allemagne ; car ce ne peut être une faute d'orthographe

Je dois rappeler, en finissant, le nom de *Valérie Limosin*, femme de l'émailleur Pierre Vigier dit Calet, laquelle vendit, l'an 1535, une maison de la rue du Foussat d'accord avec son mari. D'après la date de l'acte, on peut croire qu'elle était sœur de Léonard I⁰ʳ. — Les initiales P. V., arrangées comme celles de Léonard Pénicaud, et l'imitation de la manière de ce grand émailleur, m'ont fait présumer que *Pierre Vigier* était son élève ; il faut ajouter de plus qu'ils étaient voisins, puisque Nardou habitait aussi la rue

du Foussat ou du *Fossé* comme les titres l'établissent. Nous avons
déjà dit, dans une autre biographie, que la famille des Limosin
s'était perpétuée jusqu'à nos jours; que le nom seul avait légèrement
changé : M. Limousin de Neuvic possédait, en effet, les deux maisons d'habitation de Léonard I<sup>er</sup> et de ses enfants.

**Maurice ARDANT.**

Archiviste de la Haute-Vienne, etc., etc.

Limoges, le 29 avril 1859.

**PIÈCE JUSTIFICATIVE.**

*Extraits du terrier n<sup>o</sup> 2 de la confrérie de Notre-Dame de la Conception, ou
de Saint-Laurent-des-Trépassés, années 1618 et 1635 : Limoges et ses envi-
rons. — (Archives de l'hospice.)*

J'ai découvert dans le registre dont je donne l'intitulé deux actes
qui m'ont paru intéressants, soit pour ce qui concerne Jehan III Limosin
soit Pierre Veyrier : je les transcris en grande partie avec l'orthographe
du temps :

En marge on lit : « *Pres Puy-Ponchet*, 3 sous 4 deniers.

»Le vingt-quatriesme jour d'aougst mil six cent vingt huict, à Lymoges,
en la maison du notaire royal soubz signe, auant midy, a esté pnt sieur
*Jehan Lymosin, M<sup>e</sup> esmailheur* de la pnt ville, qui a recogneu et confesse estre
tenantier et propriétaire de certaines terres contenant neuf septerées ou
enuiron, lesquelles ont cy deuant appartenut au curé de Saint–Bounet,
confrontées au grand chemin publicq allant dudict Lymoges a Rilhac, d'une
part; au boys tailli et terre dudict Lymosin; d'autre, le chemin vicinal
allant au Petit-Puy-Ponchet dans les vignes dudict, sauf de les mieux de-
signer et confronter si mestier est; et debuoir sur icelle à la frairie de
Nostre-Dame-de-la-Conception, antiennement de Saint-Laurant-des-Tres-
passés, et qui sa cellebre en l'eglize des peres Courdelliers en la présent
ville, *la somme de* troys soulz et quatre deniers de *sans* et fondallite, qu'il
a promis de payer aux bailles de ladite frairie, que sont Jacques Meyrange, pnt et acceptant, tant qu'il sera tenantier et propriétaire de ladicte
terre, et a chascune feste da Somption Nostre–Dame d'aougst, en ce que
lesdits bailles seront tenus, comme ont promis, de garantir ladicte fondallité sur ces terres contre qui y voudroient prétendre droict, ou demander
icelle, et ainsi l'ont promis tenir, et, pour le faire, ont obligé tous et
chascuns ses biens meubles et immeubles presents et aduenir par rapport
à ladite terre, et ont promis tenir ce que dessus, et, à la faulte de le faire
commander, il renonce et jure et s'oblige et soubmet à la cour prevotale et
seneschalle de la présent ville, condamne et concede lectres royaux.
Jacques Bertrand, praticien, et Anthoyne Peyrat, clerc, tesmoings ad ce

appelés. Ainsey signé en l'original Poyaut, Meyrange, bailles; Lymousin, *quedsus* (que dessus); Bertrand, Pouyaut et Peyrat. — Pouyaut,
donne pour copie.

» Vailheret, notaire royal. »

---

Autre acte du même jour, en marge duquel on lit : « *Puy-Ponchet , une
quarte froment ;* » même préambule, même notaire... « Le sieur *Jehan Lymosin, M<sup>e</sup> esmailheur*, etc..... d'une certaine terre size et située au teritoyre
du Puy-Ponchet, contenant troys quartelles ou enuiron, confrontée à la
vigne de Joseph Ribaniat, d'une part; à la terre et chastaigniere dudict
Lymosin, qu'il a acquize de Pierre Veyrier, orpheuure, debuoir sur icelle
à la frairie anciennement St-Laurant la quantité d'une quarte de froment de *sens* et fondallité..... Ledict baille promet de garantir audit Lymosin la fondallité de ladicte vigne contre tous ceux qui voudroient la prétendre. Signé Lymousin, *quedsus;* Meyrange, baille; Pouyaut, Peyrat et
Vailheret, notaire. »

Plus loin : *Duplicata* du premier contrat, et autre acte où sa vigne con-
fronte avec sa terre, 29 aougst 1635. On voit que, à cette époque, il y avait
déjà altération dans le nom de famille, qui était *Limosin* suivant l'acte de
partage de la succession de François *Limosin*, père de Léonard, émailleur
et peintre du roi François I<sup>er</sup>, et les signatures de ses fils et petits-fils.

*(Extrait du Bulletin de la Société Archéologique
et Historique du Limousin.)*

Limoges. — Imprimerie de Chapoulaud Frères.